Die kleinen quadratischen Inchies sind nicht nur im Bastel- und Handarbeitsbereich zu Hause, sondern sie erobern jetzt auch die Keilrahmen-Welt. Hier kommen sie im XXL-Format sogar ganz groß raus: Statt auf einen Inch² angelegt präsentieren sich die mit Acrylfarben gemalten Inchie-Bilder auf 10 cm² – so bleibt extra viel Platz für Kreativität. Aber ein Inchie bleibt nicht lang allein. Jeweils mehrere aufeinander abgestimmte Einzelmotive zu beliebten Themen wie Maritimes, Liebe, Kaffee, Orientalisches oder Mediterranes werden zu einem beeindruckenden Ensemble arrangiert. Das garantiert für einen echten Hingucker an Ihrer Wand! Wer möchte, kann die über 90 XXL-Inchies auch einzeln als großformatiges Bild ausarbeiten – das bedeutet für Sie einen riesigen Fundus an schönen Motiven in nur einem Buch!

Wir hoffen, Sie haben genauso viel Spaß beim Gestalten der XXL-Inchies wie wir!

Ihre *Helga Altmayer* und *Alice Rögele*

KAFFEEPAUSE

Time for a coffee!

entspannen & genießen

MOTIVHÖHE
40 cm

MATERIAL
* Keilrahmen,
  40 cm x 40 cm
* 9 Malpappen,
  je 10 cm x 10 cm
* Acrylfarbe in Elfenbein, Kadmiumrot, Umbra gebrannt und Schwarz
* Rundpinsel, Synthetikhaar, Nr. 1, 3 und 8
* Flachpinsel, Synthetikhaar, Nr. 8, 10, 12, 14 und 22
* Flachpinsel, Borste, Nr. 40
* 28 Kaffeebohnen
* Decoupage-Kleber
* Scrapbooking-Papier, Rest, mit altem Zeitungsmotiv

VORLAGE
Bogen 1A

1 Zunächst Elfenbein, Kadmiumrot und wenig Umbra nicht zu gründlich mischen und damit den Keilrahmen grundieren. Trocknen lassen. Die Mischung mit etwas Elfenbein aufhellen und mit einem fast trockenen Pinsel stellenweise die Ränder mal mehr, mal weniger schattieren. Umbra und Kadmiumrot mischen und ebenfalls damit die Ränder stellenweise schattieren. Mit einem hellen Kopierpapier die Muster auf die obere linke und untere rechte Ecke übertragen und mit verdünntem Elfenbein nachziehen.

2 Nun die einzelnen Malpappen wie folgt grundieren und nach dem Trocknen mit einem fast trockenen Pinsel stellenweise schattieren:

Bild 1: Grundierung mit einer Mischung aus Elfenbein, Kadmiumrot und Umbra; Schattierung mit einer Mischung aus Kadmiumrot und Umbra.

Bilder 2, 6 und 7: Grundierung mit Elfenbein; Schattierung mit einer Mischung aus Kadmiumrot und Umbra.

Bilder 3, 5 und 9: Grundierung mit einer dunklen Mischung aus Kadmiumrot und Umbra; für die Schattierung die Mischung der Grundierung mit Elfenbein aufhellen sowie zusätzlich mal mehr, mal weniger Elfenbein verwenden.

Bilder 4 und 8: Grundierung mit einer Mischung aus Kadmiumrot, Umbra und Elfenbein, dabei weniger Umbra verwenden als bei Bild 1; für die Schattierung die Mischung der Grundierung mit Elfenbein aufhellen.

3 Die Motive (außer den Dampf bei Bild 4) von der Vorlage auf die entsprechenden Malpappen übertragen und wie folgt gestalten:

Bild 1: Die Tasse mit einer Mischung aus Umbra und Kadmiumrot grundieren und trocknen lassen. Die gemischte Farbe mit wenig Elfenbein aufhellen und die Lichtseite mit einem fast trockenen Pinsel andeuten. Mit verdünntem Schwarz die Schattenseite rechts malen. Die Innenseite der Tasse mit Elfenbein, den Kaffee mit einer verdünnten Umbra-Schwarz-Mischung kolorieren. Die Schrift mit der verdünnten Mischung aus Umbra und Kadmiumrot nachziehen.

Bild 2: Die Kaffeebohnen mit Umbra grundieren, anschließend mit Schwarz die Mittellinien ziehen. Den Bereich links und rechts davon mit einer Mischung aus Umbra und wenig Elfenbein aufhellen sowie die Lichtreflexe mit Elfenbein auf der noch feuchten Grundierung gestalten.

Weiter geht es auf Seite 4

Trocknen lassen. Direkt unterhalb der Bohnen und im Bereich der oberen rechten Bildecke mit wässerigem Umbra leichte Schatten malen.

Bild 3: Das Glas mit Elfenbein grundieren. Nach dem Trocknen den unteren Glasbereich mit wässerigem Umbra, die rechte untere Ecke mit einer wässerigen Mischung aus Umbra und Schwarz malen. Den hellen Glasrand und den Milchschaum mit einer hellen Mischung aus Elfenbein und wenig Umbra kolorieren. Nach dem Trocknen die Streifen abwechselnd mit verdünntem Umbra und einer verdünnten Mischung aus Kadmiumrot und Elfenbein ziehen. Schließlich die Kakaospuren auf dem Milchschaum mit einer dunklen Mischung aus Umbra und wenig Elfenbein malen.

Bild 4: Die Tasse in Elfenbein grundieren und trocknen lassen. Den Kaffee mit einer Umbra-Schwarz-Mischung, die Schattenseite rechts mit wässerigem Umbra malen. Nach dem Trocknen den Dampf mit einem Hauch Elfenbein andeuten, dabei auch über die braune Fläche streifen.

Bild 5: Elfenbein mit wenig Wasser verdünnen, die Schrift nachziehen und trocknen lassen. Nun auch Umbra verdünnen und stellenweise über die Schrift sowie über die hell schattierten Ränder malen.

Bild 6: Die Kaffeebohnen mit Heißkleber befestigen. Stellenweise mit verdünntem Umbra leichte Schatten neben die Bohnen malen.

Bild 7: Zunächst um die Praline herum den Schatten mit verdünntem Umbra malen. Das Papierförmchen mit einer kräftigen Mischung aus Kadmiumrot, Umbra und wenig Elfenbein kolorieren und trocknen lassen. Die Kaffeebohne und die dunkle Verzierung mit Umbra malen, die Mittellinie der Bohne sowie die Kontur ihrer unteren Seite mit Schwarz. Die senkrechten Linien und Konturen am Papierförmchen und die sichtbaren Bereiche seiner Innenseite mit wässerigem Schwarz malen. Mit sehr wässerigem Schwarz die Schattenseite auf der linken Pralinenseite andeuten. Achten Sie hier darauf, dass der Schatten nur ganz leicht und hell gearbeitet wird.

FORTSETZUNG **KAFFEEPAUSE**

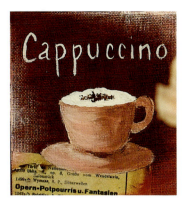

Bild 8: Die Kaffeemühle bis auf die Schublade, das ovale Schild und den dunklen Bereich am Hebelansatz in Elfenbein grundieren. Mit wässerigem Umbra die Schattenseite links an der Mühle sowie die Schublade, das Schild, den kugelförmigen Aufsatz und den Hebel malen, dabei den kleinen Griff am Hebelende aussparen. Trocknen lassen. Mit verdünntem Schwarz stellenweise die Konturen nachfahren. Den runden Griff an der Schublade in Elfenbein aufmalen, nach dem Trocknen auch hier leicht mit wässerigem Umbra darübermalen. Die Schrift am Schild mit verdünntem Elfenbein andeuten.

und Schwarz arbeiten. Dann die Schrift mit verdünntem Elfenbein nachziehen und den Kakao mit Tupfbewegungen in Umbra auf den Milchschaum setzen. Mit einer Kadmiumrot-Umbra-Elfenbein-Mischung rechts über das Papier streifen und anschließend diese Mischung mit Elfenbein aufhellen und links über das Papier streifen. Dabei mit einem fast trockenen Pinsel arbeiten.

4 Schließlich die einzelnen Malpappen mittig und ohne Abstand zueinander mit Kleber auf dem Keilrahmen fixieren.

Bild 9: Das Scrapbooking-Papier gemäß Vorlage zuschneiden, die Rückseite mit Decoupage-Kleber bestreichen, an entsprechender Stelle auflegen und mit dem Finger glattstreichen. Die Tasse mit einer hellen Mischung aus Elfenbein, Kadmiumrot und Umbra grundieren und den Milchschaum mit Elfenbein malen. Trocknen lassen. Die Farbe mit Elfenbein aufhellen und die Lichtseite der Tasse damit malen. Die Schattenseite rechts mit einer wässerigen Mischung aus Umbra

Orientalische Träume
wie in 1001 Nacht

MOTIVHÖHE
50 cm

MATERIAL
* Keilrahmen, 40 cm x 50 cm
* 9 Malpappen, je 10 cm x 10 cm
* Acrylfarbe in Weiß, Scharlachrot, Chinacridonrosa, Indischgelb, Blauviolett und Saftgrün
* Rundpinsel, Synthetikhaar, Nr. 0
* Flachpinsel, Synthetikhaar, Nr. 2 und 8
* Schaumstoffwalze, 6 cm breit
* wasserfester Filzstift in Schwarz, feine Spitze
* Filzstifte in Gelbgrün, Lila, Türkis, Orange, Rot und Dunkelrot
* wasserfeste Gelstifte in Weiß und Gold

VORLAGE
Bogen 1B

1 Zunächst den Keilrahmen mit der Schaumstoffwalze in Chinacridonrosa deckend grundieren. Dann die Motive von der Vorlage auf die Malpappen übertragen. Dabei die feinen Details zunächst aussparen.

2 Indischgelb mit etwas Weiß mischen. Damit alle Flächen anlegen, für die dieses Gelborange vorgesehen ist, außer den Decken und den Bordüren an den Beinen und Köpfen der Elefanten. Für ein deckendes Ergebnis nach dem Trocknen einen zweiten Farbauftrag vornehmen. Dies gilt ebenso für die anderen Farben. Achten Sie auch darauf, dass keine Streifen entstehen. Mit Scharlachrot die roten Flächen ausmalen, die Palmen in Saftgrün. Zum Schluss die blauvioletten Flächen kolorieren. Zwischen den Arbeitsschritten die Farbe gut trocknen lassen, damit keine ungewollten Mischungen an den Farbgrenzen entstehen.

3 Auf den trockenen Malpappen alle Konturen mit dem schwarzen Filzstift nachziehen. Dann die feinen Details mit hellem Kopierpapier von der Vorlage auf die Malpappen übertragen und mit dem weißen und goldenen Gelstift nachziehen. Dabei an der Abbildung orientieren. Die feinen roten Linien und Punkte rechts und links neben dem Tor mit dem roten Filzstift einzeichnen. Die Decken der Elefanten und die Bordüren an ihren Beinen und Köpfen mit den Filzstiften in Gelbgrün, Lila, Türkis, Rot, Orange, und Dunkelrot verzieren. Dabei wieder an der Abbildung orientieren.

4 In einem Abstand von 5 cm vom oberen und unteren Rand sowie 4 cm vom linken und rechten Rand des Keilrahmens die Umrisse der Bordüren von der Vorlage übertragen und mit Blauviolett ausmalen. Gut trocknen lassen. Dann die feinen Linien der Bordüre übertragen und mit dem weißen Gelstift nachziehen.

5 Schließlich die Malpappen mittig aufkleben. Dazu einen Abstand von 5 cm vom linken und 10 cm vom oberen Rand mit Bleistift markieren. Die Malpappe mit Palme und Mond an der angezeichneten Stelle auflegen und die restlichen Malpappen in der vorgegebenen Reihenfolge Kante an Kante anordnen. Schließlich mit Kleber fixieren.

Mein Tipp für Sie

Farben abfüllen: Füllen Sie sich von den gemischten Farben ein wenig in einem verschließbaren Gefäß ab. So können Sie gegebenenfalls später noch mal etwas nachbessern. Genau den gleichen Farbton nachzumischen ist äußerst schwierig.

Helga Altmayer

ORIENTALISCH

Maritime Welt

Muscheln, Sand und Meer

MOTIVHÖHE
100 cm

MATERIAL
* Keilrahmen, 20 cm x 100 cm
* 5 Malpappen,
  je 10 cm x 10 cm
* Acrylfarbe in Weiß, Elfenbein, Coelinblau, Kobaltblau und Schwarz
* Rundpinsel, Synthetikhaar, Nr. 1, 3 und 8
* Flachpinsel, Synthetikhaar, Nr. 8, 10, 12, 14 und 22
* Flachpinsel, Borste, Nr. 40
* Aquarellstifte in Braun und Schwarz
* transparente Strukturpaste
* 2 Baststücke natur,
  1 x 47 cm und 1 x 1,50 m
* 2 kleine Seesterne
* 3 kleine Muscheln
* Treibholzstück, 14 cm lang
* Holzfisch, 6 cm lang
* Wellpappe in Türkis,
  10 cm x 6 cm
* feiner Dekosand in Natur
* mittelgrober Dekosand in Türkis

VORLAGE
Bogen 2A

1 Den langen Keilrahmen nass in nass mit Weiß, Coelinblau und Kobaltblau in lebendiger Pinselführung bemalen. Die 3. Malplatte von oben links auf einer Breite von 3 cm mit Strukturpaste bestreichen und mit dem feinen Sand bestreuen. Einige Stunden fest werden lassen.

2 Nun die Muschel und die Schnecke von der Vorlage auf die entsprechenden Malpappen übertragen. Coelinblau, Kobaltblau und wenig Schwarz nicht zu gründlich mischen und damit die 1. Malpappe komplett und die 4. um die Muschel herum bemalen. Mit einer Coelinblau-Weiß-Mischung das 2. Bild um die Schnecke herum, das 3. auf der noch freien Fläche sowie das 5. komplett grundieren. Trocknen lassen.

3 Jetzt die Ränder schattieren: das 1. und 4. Bild mit Coelinblau, das 2. und 3. mit der schon verwendeten dunkelsten Mischung sowie das 5. und 3. Bild mit Weiß. Dabei auch den Rand der Sandfläche auf der 3. Pappe einbeziehen.

4 Das Muschel- und Schneckenmotiv mit Weiß grundieren. Nach dem Trocknen die Linien auf den Gehäusen bzw. Schalen mit den Aquarellstiften ziehen. Diese dann anschließend mit einem Pinsel und wenig Wasser etwas anlösen. Mit etwas Elfenbein stellenweise schattieren.

5 Die Wellpappe mit Kobaltblau und Schwarz nass in nass bemalen. Nach dem Trocknen laut Vorlage zurechtschneiden. Mit wenig Weiß quer über die Rillen streifen. Dann das oberste Bild rechts ca. 4 cm breit mit Strukturpaste bestreichen, den türkisfarbenen Sand darüberstreuen und fest werden lassen.

6 Die Wellpappe, echte Muscheln, Seesterne, das Holzstück und den Holzfisch mit Heißkleber auf den Bildern fixieren. Das oberste Bild mehrfach sowie das unterste zweimal mit Bast umwickeln und verknoten.

7 Schließlich die Schrift von der Vorlage auf den Keilrahmen übertragen und mit verdünnter weißer Farbe nachfahren sowie die Kanten des Bildes mit Weiß schattieren. Nun die Malpappen mit einem Abstand von ca. 8 cm versetzt fixieren.

> **Mein Tipp für Sie**
>
> **Achtung Wassertropfen:** Wenn Sie das Bild ins Bad hängen möchten oder an eine Stelle, wo es mit Wassertropfen in Kontakt kommen könnte, ist es besser, wenn Sie statt Aquarellstiften verdünnte Acrylfarbe verwenden, um ein Anlösen der Aquarellstiftfarbe zu vermeiden. Alternativ können Sie das Bild aber auch mit Firnis versiegeln.
>
> Alice Rögele

MARITIM

AFRIKA

Geheimnisvolles Afrika

Ethno-Muster in warmen Tönen

MOTIVHÖHE
60 cm

MATERIAL
* Keilrahmen, 40 cm x 60 cm
* 9 Malpappen, je 10 cm x 10 cm
* Acrylfarbe in Weiß, Beige, Altrosa, Lichtem Ocker und Umbra gebrannt
* Rundpinsel, Synthetikhaar, Nr. 0 und 5
* Flachpinsel, Synthetikhaar, Nr. 2, 6, 10 und 14
* Schaumstoffwalze, 6 cm breit
* 2 wasserfeste Filzstifte in Schwarz, feine und mittlere Spitze
* Filzstift in Hellorange
* wasserfester Gelstift in Weiß

VORLAGE
Bogen 2A

1 Zunächst den Keilrahmen mit der Schaumstoffwalze in Umbra gebrannt deckend grundieren. Dabei die seitlichen Keilrahmenflächen nicht vergessen. Anschließend die Malpappen gleichmäßig in Weiß mit dem Flachpinsel Nr. 14 grundieren. Nach dem Trocknen die Motive von der Vorlage übertragen. Punkte, dünne Linien, grafische Ornamente und die Dreiecke in der Ellipse und im Kreis zunächst aussparen. Sie werden später übertragen.

2 Nun alle ganz hellen beigefarbenen Flächen ausmalen. Nach dem Trocknen die altrosafarbenen Bildbereiche anlegen. Beige mit wenig Lichtem Ocker mischen und auf die entsprechenden Stellen aufmalen. Dann Beige mit etwas Umbra gebrannt mischen und auf die hellbraunen Flächen auftragen. Schließlich mit Umbra gebrannt die restlichen Flächen ausmalen. Lassen Sie zwischen den einzelnen Arbeitschritten die Farbe immer gut trocknen, um Mischungen zu vermeiden.

3 Nun die feinen Details von der Vorlage auf die Malpappen übertragen. Die Umrisse, Pünktchen und entsprechenden Linien mit dem feinen schwarzen Filzstift nachziehen, nur bei der Gazelle den äußeren Rand weiß lassen. Die feinen weißen Linien und Punkte mit dem Gelstift aufmalen. Die Dreiecke in der Ellipse und im Kreis mit dem orangefarbenen Filzstift ausmalen.

4 Am unteren und oberen Rand des Keilrahmens die Bordüren von der Vorlage übertragen. Die Punkte mit dem Rundpinsel in Weiß auftragen. Die breiten Linien in Beige und die schmalen in Schwarz anlegen. Trocknen lassen. Nun die dünnen Linien mit dem mittelfeinen schwarzen Filzstift nachziehen.

5 Mit Hilfe von Lineal und Bleistift auf dem Keilrahmen links und rechts einen Rand von 4 cm markieren. Vom oberen und unteren Bildrand einen Abstand von 13,5 cm anzeichnen. Die Malpappen zuerst an den äußeren Ecken positionieren, dann jeweils in der Mitte ein Motiv auslegen und schließlich die Antilope in die Mitte legen. Abschließend mit Kleber fixieren.

> **Mein Tipp für Sie**
>
> **Erst legen, dann kleben:** Vor dem Aufkleben zuerst alle Motive an ihre endgültige Position legen. So können Sie die Abstände noch mal korrigieren. **Helga Altmayer**

LIEBE

Alles Liebe

Inchies mit Herz

MOTIVHÖHE
50 cm

MATERIAL
* Keilrahmen, 50 cm x 50 cm
* 9 Keilrahmen, je 10 cm x 10 cm
* Acrylfarbe in Weiß, Elfenbein, Orange, Neapelgelb, Zinnoberrot und Kadmiumrot
* Rundpinsel, Synthetikhaar, Nr. 1, 3 und 8
* Flachpinsel, Synthetikhaar, Nr. 8, 10, 12, 14 und 22
* Flachpinsel, Borste, Nr. 40
* Leichtstrukturpaste
* mittelgrober Dekosand natur
* feiner Dekosand natur
* vergilbtes Notenblatt, 4,5 cm x 5,5 cm
* Krakelier-Lack
* Decoupage-Kleber
* Scrapbooking-Papier mit Schriftmotiv, Rest
* Feder in Braun, ca. 10 cm lang
* Paketschnur, 32 cm lang
* Föhn
* Metallspachtel, ca. 5 cm breit

VORLAGE
Bogen 1A

1 Zunächst den großen Keilrahmen komplett mit Neapelgelb und Orange nass in nass grundieren. Nach dem Trocknen die Ränder des Bildes mit Zinnoberrot und einem fast trockenen Pinsel leicht schattieren. Dann alle Motive außer die Schrift von der Vorlage auf die kleinen Keilrahmen übertragen.

2 Bild 1: Neapelgelb und Orange nicht zu gründlich mischen und den kleinen Keilrahmen damit grundieren. In die noch nasse Farbe wenig Elfenbein geben und weich verstreichen. Nach dem Trocknen den Rand mit einem fast trockenen Pinsel stellenweise in einer Mischung aus Elfenbein und Neapelgelb mal mehr oder weniger hell schattieren. Nach dem Trocknen die Schrift abpausen. Zinnoberrot und Kadmiumrot nicht zu grünlich mischen, mit Wasser verdünnen und die Worte damit nachziehen.

3 Bild 2: Das große Herz mit Neapelgelb, Orange und Zinnoberrot, das kleine mit Neapelgelb und Orange nass in nass grundieren. Um die Herzen herum mit Elfenbein und Neapelgelb ebenfalls nass in nass malen. Etwas Leichtstrukturpaste mit wenig Neapelgelb mischen, links um die Herzen mit einem Pinsel streichen und den mittelgroben Dekosand darüberstreuen. Zügig arbeiten, damit auch die rote Farbe noch nass ist und so auch hier stellenweise noch Steine haften bleiben. Einige Stunden fest werden lassen.

4 Bild 3: Die Rückseite des Notenblattstückes mit Decoupage-Kleber bestreichen und auf das Herz kleben. Mit dem Finger glattstreichen. Nun das Herz mit Elfenbein, Neapelgelb und Weiß ausmalen, dabei teilweise auch über das Papier arbeiten. Nach dem Trocknen um das Herz herum zweimal jeweils mit Zinnoberrot links und Kad-

Weiter geht es auf Seite 14

13

miumrot rechts malen und die Übergänge ineinander verstreichen. Erneut trocknen lassen. Auf der linken Bildseite (ca. die oberen zwei Drittel), stellenweise auch ein bisschen auf der linken Herzfläche Krakelier-Lack auftragen. Trocken föhnen. Neapelgelb und Orange nicht zu gründlich mischen und zügig von oben nach unten über den Krakelier-Lack malen. Trocken föhnen, bis sich feine Risse gebildet haben. Nun auf dem Herz den Übergang der hellen rechten Seite zum Orange der linken Seite mit wenig Farbe in einer Mischung aus Elfenbein und Neapelgelb übermalen. Ebenfalls auch den Übergang vom roten Hintergrund zur krakelierten Fläche mit einer Zinnoberrot-Orange-Mischung übermalen. Das Herz stellenweise noch mit Weiß aufhellen.

5 **Bild 4:** Das Herz nass in nass mit Zinnoberrot und Kadmiumrot grundieren und trocknen lassen. Den Hintergrund um die rechte Hälfte des Herzens mit Neapelgelb kolorieren, dabei in der unteren rechten Ecke in die noch nass Farbe wenig Orange malen und weich verstreichen. Für die linke Hintergrundsfläche Elfenbein verwenden und auch hier den Übergang verstrei-

chen. Nach dem Trocknen den rechten Rand stellenweise in einer Mischung aus Elfenbein und Neapelgelb mit einem fast trockenen Pinsel und wenig Farbe hell schattieren. Schließlich das Bild mit verdünntem Zinnoberrot besprenkeln.

6 **Bild 5:** Den Keilrahmen zweimal mit Kadmiumrot grundieren, zwischen den Schichten den Auftrag trocken föhnen. Den Spruch von der Vorlage abpausen und mit verdünnter Farbe in Elfenbein nachziehen. Nach dem Trocknen mit einem fast trockenen Pinsel in einer Neapelgelb-Orange-Mischung stellenweise über die Schrift schattieren.

7 **Bild 6:** Das Scrapbooking-Papier laut Vorlage zuschneiden, die Rückseite mit Decoupage-Kleber bestreichen und an vorgesehener Stelle fixieren. Mit dem Finger glatt streichen. Den Hintergrund um die Motive herum mit Neapelgelb kolorieren, rechts wenig Orange zugeben und weich verstreichen. Nach dem Trocknen den unteren rechten Bereich mit einem fast trockenen Pinsel in Kadmiumrot leicht schattieren. Nun den Umschlag mit Elfenbein, Weiß und Neapelgelb nass in nass gestalten. Das kleine Herz mit Kadmiumrot malen. Schließlich die Feder mit Kleber befestigen.

8 **Bild 7:** Das Herz mithilfe eines Pinsels mit reichlich Strukturpaste bestreichen, auf den Hintergrund nur ganz wenig Paste auftragen. Dabei links mehr Paste einsetzen als rechts. Auf der linken Herzseite etwas Sand einstreuen und einige Stunden fest werden lassen. Den Hintergrund rechts mit Zinnoberrot und links mit Kadmiumrot zweimal grundieren, dabei die Übergänge weich verstreichen. Über die Erhöhungen des Herzens mit einer Mischung aus Neapelgelb und Orange

FORTSETZUNG LIEBE

malen und trocknen lassen. Mit wenig Elfenbein stellenweise noch mal aufhellen. Den rechten Keilrahmenrand zunächst mit Elfenbein aufhellen und nach dem Trocknen mit Zinnoberrot übermalen.

10 **Bild 9:** Den Keilrahmen komplett mit Leichtstrukturpaste bestreichen und mithilfe des Spachtels glatt ziehen. Dann die Schnur in Herzform hineinlegen und mit dem Finger fest andrücken. Einige Stunden trocknen lassen. Nun den Keilrahmen mit Neapelgelb und Orange nass in nass grundieren und wieder trocknen lassen. Über die Erhöhung der Schnur mit Kadmiumrot malen und erneut trocknen lassen. Mit wenig Farbe in einer Mischung aus Neapelgelb und Elfenbein sowie nur Elfenbein um das Herz herum schattieren.

11 Nun das Neuner-Ensemble mit den kleinen Keilrahmen in einem Abstand von je 8 cm zu den großen Keilrahmenrändern positionieren. Dabei einen Abstand von 1 cm der kleinen Rahmen zueinander einhalten. Schließlich mit Kleber fixieren.

9 **Bild 8:** Den Keilrahmen von links beginnend mit Zinnoberrot und Kadmiumrot nass in nass grundieren. Nach dem Trocknen den Mann (linke Figur) mit Neapelgelb und Orange, die Frau (rechte Figur) mit Neapelgelb und Elfenbein nass in nass gestalten. Links jeweils die Lichtseiten der Figuren mit Elfenbein andeuten. Nach dem Trocknen Neapelgelb und Elfenbein nicht zu gründlich mischen und damit die linke Seite des Keilrahmens mithilfe eines fast trockenen Pinsels aufhellen. Schließlich das Bild mit verdünntem Elfenbein besprenkeln.

Mein Tipp für Sie

Persönliches Geschenk: Dieses Inchie-Ensemble mit Herz eignet sich auch wunderbar als Hochzeitsgeschenk. Um es noch persönlicher zu gestalten, können Sie die Namen des Brautpaares und das Hochzeitsdatum auf eines der Inchies aufmalen. Auch zu anderen Anlässen wie Valentinstag, Muttertag und Geburtstag können Sie Ihre Liebsten mit diesem Bild überraschen.

Alice Rögele

15

Schwarz-Weiß-Muster

starker Kontrast, große Wirkung

MOTIVHÖHE
40 cm

MATERIAL
* Keilrahmen, 40 cm x 40 cm
* 9 Malpappen, je 10 cm x 10 cm
* Acrylfarbe in Weiß und Schwarz
* Rundpinsel, Synthetikhaar, Nr. 3
* Flachpinsel, Synthetikhaar, Nr. 2, 4 und 14
* Schaumstoffwalze, 6 cm breit
* wasserfester Filzstift in Schwarz, mittlere Spitze

VORLAGE
Bogen 2B

1 Zunächst den großen Keilrahmen in Weiß mit der Schaumstoffwalze deckend grundieren, ebenfalls auch die Malpappen mit dem Flachpinsel Nr. 14. Trocknen lassen und die Muster von der Vorlage übertragen.

2 Nun die Umrisse, Linien und Punkte der Muster mit dem schwarzen Filzstift nachzeichnen. Anschließend die Flächen, die schwarz werden sollen, mit Acrylfarbe ausmalen.

3 Auf dem Keilrahmen ganz außen einen Rand von 5 mm abmessen und mit Lineal und Bleistift eine Linie ziehen. Diese dann mit dem mittelfeinen schwarzen Filzstift und dem Lineal nachziehen. Dazu das Lineal umdrehen, sodass kein direkter Kontakt mit der Unterlage entsteht. Nun die Ränder mit schwarzer Acrylfarbe kolorieren.

4 Von den Keilrahmenrändern jeweils 4 cm abmessen und vorsichtig mit Bleistift markieren. An den vier Eckpunkten die entsprechenden Malpappen auflegen, dann die mittleren Motive gleichmäßig positionieren und zum Schluss das Bild in der Mitte. Schließlich mit Kleber fixieren.

Mein Tipp für Sie

Mit Farben variieren: Schwarz-Weiß ist eine starke Farbkombination, die immer passt und sehr modern wirkt. Natürlich können Sie die Farben dieser Muster auch ganz leicht an Ihre Einrichtung oder Ihren Geschmack anpassen. Wenn Sie aber bei den Schwarz-Weiß-Mustern bleiben möchten und doch noch ein wenig Farbe wünschen, haben Sie die Möglichkeit, auch nur den Keilrahmen als Hintergrundfläche der Inchie-Bilder zu kolorieren. Hier wirken dann knallige Farben wie Pink, Türkis oder Maigrün besonders gut. Alternativ hängen Sie das Bild einfach an eine farbige Wand. **Helga Altmayer**

GEMUSTERT

ABSTRAKT

Wenn mehrere Farbschichten so übereinander aufgetragen werden, dass man die untere Schicht immer noch durchscheinen lässt, erhält das Motiv mehr Tiefe und somit eine spannendere Optik. Wichtig ist hierbei, immer zuerst eine Schicht trocknen zu lassen, bevor die nächste aufgetragen wird.

Abstraktes Formenspiel

lila Träumereien

MOTIVHÖHE
40 cm

MATERIAL
* Keilrahmen, 40 cm x 40 cm
* 5 Keilrahmen, je 10 cm x 10 cm
* 11 Malpappen, je 10 cm x 10 cm
* Acrylfarbe in Weiß, Neapelgelb, Brillantviolett, Mauve, Lavendel und Schwarz
* Rundpinsel, Synthetikhaar, Nr. 1, 3 und 8
* Flachpinsel, Synthetikhaar, Nr. 8, 10, 12, 14 und 22
* Flachpinsel, Borste, Nr. 40
* Leichtstrukturpaste
* 3 Steine in Weiß, ø 1,5 cm
* 2 Steine in Schwarz, ø 1,5 cm
* mittelgrober Dekosand in Weiß
* Metallspachtel, ca. 5 cm breit
* Schaschlikstäbchen oder Zahnstocher
* Krakelier-Lack
* evtl. Föhn

VORLAGE
Bogen 2A+3A

1 Beachten Sie, dass die Bilder 1, 4, 6, 12 und 13 auf Keilrahmen gearbeitet werden, jedoch die restlichen auf Malpappen. Zunächst die Bilder 5, 9, 10, 12, 14 und 15 wie auf der Vorlage angegeben jeweils mithilfe des Metallspachtels mit Strukturpaste bestreichen. Bei Nr. 5 mit der Kante des Metallspachtels einige senkrechte Linien hineinmodellieren. Mit dem Schaschlikstäbchen bei Bild 12 die Muster hineinritzen. Einige Stunden fest werden lassen.

1	2	3	4
5	6	7	8
9	10	11	12
13	14	15	16

2 Aus Brillantviolett, Mauve und wenig Schwarz eine dunkle Grundmischung herstellen. Damit den großen Keilrahmen und die Bilder 3 und 12 komplett grundieren, bei Nr. 5 nur über die Strukturpaste und bei Bild 14 innerhalb des Kreises malen. Etwas Farbe aus der Grundmischung übriglassen und den Rest mit wenig Lavendel aufhellen. Nun die Bilder 4, 6, 11, 13 und die Fläche außerhalb des Kreises bei Nr. 14 damit grundieren. Diese Mischung noch mal mit wenig Lavendel und einem Hauch Mauve vermischen und damit folgende Bilder grundieren: 1, 7 von links bis ca. zur Bildmitte, 15 nur auf der strukturierten Fläche sowie 16. Die Mischung erneut mit wenig Weiß aufhellen und damit die rechte noch freie Fläche bei Bild 5 malen sowie links die dunkle Fläche schattieren.

Weiter geht es auf Seite 20

Bei Bild 7 mit einem sauberen Pinsel rechts die dunkle Grundmischung auftragen und den Übergang weich verstreichen.

3 Weiß und Lavendel mischen und damit die Bilder 8 und 9 grundieren sowie die noch freie Fläche bei Nr. 15. Die Mischung mit Weiß aufhellen und damit Bild 2 grundieren sowie die nicht strukturierte Fläche auf Bild 10. Nach dem Trocknen die einzelnen „Motive" von der Vorlage übertragen und die Inchies wie folgt gestalten:

Bild 1: Mit der dunkelsten Grundmischung der Form folgend um den kleinen Kreis unten links im Bild malen. Die Grundierung soll dabei stellenweise noch sichtbar bleiben. Nach dem Trocknen mit wenig Weiß einige Akzente setzen.

Bild 2: Auf die für den Krakelier-Lack vorgesehene Fläche zunächst die dunkle Grundmischung malen und trocken föhnen. Dann den Krakelier-Lack auftragen und erneut föhnen. Nun zügig Weiß darüber auftragen und wieder föhnen, bis sich Risse gebildet haben. Rechts mit einer hellen Mischung aus Weiß und Neapelgelb mit wenig Farbe im Pinsel über die weiße Fläche malen, dabei die Risse aussparen. Mit einer Mischung aus Lavendel, Brillantviolett und einem Hauch Schwarz links mit einem fast trockenen Pinsel schattieren. Den Bereich links neben bzw. un-

terhalb der krakelierten Fläche mit der Grundmischung betonen.

Bild 3: Das Rechteck mit einem fast trockenen Pinsel in einer Mischung aus Mauve, Brillantviolett und Lavendel andeuten. Nach dem Trocknen die rechte Seite mit einer Mischung aus Weiß und Neapelgelb betonen.

Bild 4: Die linke Seite des Motivs mit Weiß, die rechte mit einer Neapelgelb-Weiß-Mischung bemalen. Nach dem Trocknen zwischen den zwei Motivhälften sowie oberhalb und rechts unterhalb des Motivs mit der Grundmischung schattieren. Diese Mischung dann mit wenig Weiß aufhellen und die linke Seite des kleinen Keilrahmens schattieren. Nun auf der weißen Fläche etwas Strukturpaste auftragen und Dekosand darüberstreuen. Trocknen lassen. Die dunklen Pinselstriche auf der rechten Motivhälfte mit einer mit Lavendel aufgehellten Grundmischung mit Wischbewegungen ziehen.

Bild 5: Hier wurde bereits schattiert, deshalb nur noch mit Lavendel einen kleinen hellen Strich zwischen die rechte und linke Farbfläche im unteren Bereich setzen.

Bild 6: Die Rechtecke mit der dunklen Grundmischung ausmalen. Diese dann nach dem Trocknen mit Neapelgelb sowie einer Mischung aus Neapelgelb und Weiß umranden. Schließlich mit der dunklen Grundmischung unter dem Motiv, mit der aufgehellten Grundmischung im mittleren Bereich sowie mit Lavendel links oben im Bild schattieren.

Bild 7: Das große Rechteck sowie die etwas hellere kleine Fläche ganz rechts an der Keilrahmenkante mit einem fast trockenen Pinsel und wenig Farbe in Lavendel andeuten, mit Weiß das kleine Rechteck malen. Links unten mit wenig Lavendel schattieren.

Bild 8: Das große Rechteck und den oberen und rechten Bereich mit der aufgehellten Grundmischung schattieren, das kleine Rechteck mit der Grundmischung malen. Dann mit Weiß um das Motiv herum schattieren und zwei Linien ebenfalls in Schattiertechnik oberhalb des Motivs andeuten.

Bild 9: Über die Strukturpaste mit der Grundmischung und aufgehellten Grundmischung malen. Dabei soll die Untergrundfarbe stellenweise sichtbar bleiben. Damit

FORTSETZUNG **ABSTRAKT**

auch die linke Seite der Malpappe schattieren. Rechts mit Weiß schattieren, darüber stellenweise mit einer Weiß-Neapelgelb-Mischung.

Bild 10: Zunächst über die Strukturpaste mit der aufgehellten Grundmischung malen.

Nach dem Trocknen über die Erhöhungen der Paste mit der Grundmischung streifen. Den Kreis und die kleine gelbe Fläche oben am Rand des dunklen Streifens mit Neapelgelb andeuten, darüber mit Weiß schattieren. Auch oberhalb des Kreises mit Weiß und Lavendel nass in nass malen. Um den Kreis herum mit einer hellen Mischung aus Mauve, Lavendel und wenig Brillantviolett schattieren.

Bild 11: Oberhalb des Bogens mit Lavendel sowie einer Lavendel-Brillantviolett-Mischung schattieren, die obere linke Ecke mit Neapelgelb.

Bild 12: Die Grundfarbe, eine hellere Mischung mit Lavendel sowie eine noch hellere Mischung mit mehr Lavendel

nacheinender jeweils nach dem Trocknen auftragen, sodass die untere Schicht stellenweise sichtbar bleibt (siehe Schrittfotos S. 19). Anschließend mit einer Mischung aus Neapelgelb und Weiß die Form betonen.

Bild 13: Das Motiv mit Weiß ausmalen, darum herum mit der Grundmischung und der
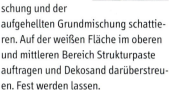
aufgehellten Grundmischung schattieren. Auf der weißen Fläche im oberen und mittleren Bereich Strukturpaste auftragen und Dekosand darüberstreuen. Fest werden lassen.

Bild 14: Die Fläche um den Kreis herum mit der aufgehellten Grundmischung schattieren, die-

se noch mal ein wenig aufhellen und links schattieren. Auch die rechte und vor allem die linke Seite des Kreises damit betonen. Über die Erhöhungen der Paste links mit Lavendel und Weiß sowie im oberen Bereich Neapelgelb streifen.

Bild 15: Über die Erhöhungen der Strukturpaste mit der Grundmischung schattieren, rechts an

der Kante mit einer Mischung aus Mauve, Brillantviolett und Weiß sowie im oberen Bereich nur mit Weiß.

Bild 16: Mit der Grundmischung die Bogenformen andeuten. Mit Neapelgelb an einer

Stelle schattieren. Die rechte untere Ecke mit Lavendel schattieren.

4 Zum Schluss alle hellen Linien mit einer verdünnten Mischung aus Weiß und wenig Lavendel sowie nur mit verdünntem Weiß nachziehen. Anschließend die Steine mit Kleber befestigen und schließlich die Inchies auf dem großen Keilrahmen fixieren.

> **Mein Tipp für Sie**
>
> **Schattierungen üben:** Bei diesem Bild sind es die vielen Farbschichten und Schattierungen, die das Ensemble lebendig wirken lassen. Daher ist es besonders wichtig, diese Technik vorab zu üben. Falls Ihnen doch mal ein Inchie nicht so gelingen sollte, wie Sie sich das vorgestellt haben, können Sie es komplett mit Weiß übermalen und nach dem Trocknen der Farbe erneut versuchen.
>
> **Alice Rögele**

21

Florale Silhouetten

in frischem Grün

MOTIVHÖHE
40 cm

MATERIAL
* Keilrahmen, 40 cm x 40 cm
* 9 Malpappen, je 10 cm x 10 cm
* Acrylfarbe in Weiß, Gelb, Maigrün und Saftgrün
* Rundpinsel, Synthetikhaar, Nr. 1 und 3
* Flachpinsel, Synthetikhaar, Nr. 2, 8 und 14
* Schaumstoffwalze, 6 cm breit
* Filzstift in Gelbgrün
* wasserfester Gelstift in Weiß

VORLAGE
Bogen 3B

1 Zunächst Weiß mit etwas Maigrün zu einem zarten Pastellton mischen. Diesen Farbton mithilfe der Schaumstoffwalze auf dem Keilrahmen deckend auftragen. Dabei die seitlichen Keilrahmenflächen nicht vergessen.

2 Die Motive von der Vorlage auf die Malpappen übertragen, dabei die dünnen Linien zunächst aussparen.

3 Zuerst Weiß mit Gelb sehr hell anmischen und damit die hellsten Motivflächen malen. Dazu je nach Flächengröße die Rundpinsel Nr. 1 und 3 sowie die Flachpinsel Nr. 2 und 8 benutzen. Damit die Farben gut decken, benötigen Sie für alle Farbflächen zwei Aufträge. Nach dem Trocknen die maigrünen Flächen ausmalen. Gut trocknen lassen. Anschließend die dunkelsten Motivflächen in Saftgrün kolorieren. Wieder trocknen lassen.

4 Nun die dünnen Linien von der Vorlage auf die Bilder übertragen. Mit dem Gelstift die weißen Linien auf den Bildern 2, 3 und 9 nachziehen. Auf den Bildern 3 und 7 die geraden Linien am linken Rand mit dem Lineal und einem gelbgrünen Filzstift aufmalen. Damit die Linien nicht verschmieren, drehen Sie das Lineal so um, dass die Kante keinen Kontakt zur Unterlage hat.

5 Auf dem großen Keilrahmen jeweils 4 cm von den Rändern abmessen und mit Bleistift leicht markieren. Zuerst die Malpappen an den Ecken auflegen. Dann jeweils zwischen die Eckbilder ein Motiv legen und schließlich das mittlere Bild mit dem Vogel. Nun alle Malpappen mit Kleber befestigen. Trocknen lassen.

Mein Tipp für Sie

Gleichmäßiger Glanz: Wenn auf Bildern nicht nur mit Acrylfarben, sondern auch mit Filz- und Gelstiften gearbeitet wird, die einen unterschiedlichen starken Glanz hinterlassen, empfehle ich Ihnen, das fertige Bild mit Universalfirnis seidenmatt zu besprühen. So erhalten Sie einen einheitlichen Oberflächenglanz.

Helga Altmayer

FLORAL

Mediterrane Impressionen

sonnige Grüße aus der Toskana

MOTIVHÖHE
20 cm

MATERIAL
* Keilrahmen, 100 cm x 20 cm
* 7 Malpappen, je 10 cm x 10 cm
* Acrylfarbe in Weiß, Elfenbein, Kadmiumorange, Neapelgelb, Terrakotta, Maigrün, Türkis, Olivgrün, Kadmiumrot, Umbra gebrannt und Schwarz
* Rundpinsel, Synthetikhaar, Nr. 1, 3 und 8
* Flachpinsel, Synthetikhaar, Nr. 8, 10, 12, 14 und 22
* Flachpinsel, Borste, Nr. 40
* Tonscherben
* Leichtstrukturpaste
* kleiner Haushaltsschwamm
* Weinetikett
* Schere
* Decoupage-Kleber
* Metallspachtel, ca. 5 cm breit

VORLAGE
Bogen 4A

MEDITERRAN

1 Den langen Keilrahmen nass in nass mit Kadmiumorange, Neapelgelb und Terrakotta grundieren, dafür die Farben kreuz und quer auftragen und anschließend weich ineinander vermalen.

2 Nun die einzelnen Bilder von links nach rechts wie folgt malen:

Bild 1: Die Hügelkonturen von der Vorlage auf die Malpappe übertragen. Den Himmel nass in nass von oben nach unten in einem Farbverlauf mit einer hellen Mischung aus Neapelgelb und wenig Terrakotta, Neapelgelb und Elfenbein anlegen. Die Hügel a und e mit einer Mischung aus Elfenbein und Neapelgelb malen, für den Hügel b dieser Mischung einen Hauch Terrakotta beimischen. Die Hügel c und g mit einer Mischung aus Neapelgelb und Terrakotta malen, gleich danach den vorderen Bereich von g mit Neapelgelb aufhellen. Hügel d und f mit Neapelgelb kolorieren. Nach dem Trocknen Hügel f mit wenig Farbe mit einer Mischung aus Neapelgelb und wenig Terrakotta vor allem im hinteren Bereich überarbeiten. Dabei die Farbe nach vorne hin auslaufen lassen und evtl. den Übergang mit einem kleinen Schwamm verwischen. Hügel e mit einer Elfenbein-Neapelgelb-Mischung, Hügel c mit einer hellen Mischung aus Neapelgelb und Terrakotta auf der linken Seite hell schattieren. Auch hier die Farbe auslau-

Weiter geht es auf Seite 26

fen lassen. Bei e etwas Elfenbein links in die noch nasse Farbe malen und nach rechts auslaufen lassen. Nun den Weg, die Bäume und das Haus abpausen. Die Bäume mit einer Mischung aus Maigrün, Olivgrün und Türkis, das Haus mit Elfenbein und das Dach mit einer Kadmiumrot-Schwarz-Mischung malen. Den Weg mit Umbra anlegen und trocknen lassen. Die Schatten der Bäume mit einer wässerigen Mischung aus Umbra und Schwarz andeuten.

Bild 2: Den Hintergrund nass in nass mit Neapelgelb und Terrakotta malen. Trocknen lassen und das Motiv abpausen. Den Wein nass in nass mit Kadmiumrot und wenig Schwarz kolorieren und trocknen lassen. Elfenbein und Weiß nicht zu gründlich mischen, mit Wasser verdünnen und damit die Konturen der Gläser mithilfe eines feinen Haarpinsels nachziehen. Für die Lichtreflexe nur sehr wenig dieser Farbe verwenden. Trocknen lassen. Aus dem Weinetikett eine 4 cm x 4 cm große Fläche herausschneiden und die Rückseite mit Decoupage-Kleber bestreichen. Auf die vorgesehene Stelle auf dem Bild kleben und mit dem Finger gut andrücken. Umbra und wenig Schwarz mischen und mit einem fast trockenen

Pinsel folgende Stellen schattieren: ganz wenig die obere Kante, die linke untere Ecke sowie links unten neben der Flasche und innerhalb der Flasche im oberen Bereich. Zusätzlich mit einer Elfenbein-Neapelgelb-Mischung die linke Seite der Malpappe und stellenweise im oberen Bereich schattieren.

Bild 3: Die Malpappe nass in nass mit Elfenbein, Neapelgelb und einer Mischung aus Neapelgelb und Terrakotta grundieren und trocknen lassen. Den Zweig von der Vorlage abpausen. Die Oliven mit einer verdünnten Mischung aus Umbra und Schwarz, die Blätter und den Zweig mit einer verdünnten Mischung aus Maigrün und Olivgrün malen. Nach dem Trocknen die Lichtreflexe an den Oliven mit Elfenbein andeuten. Um den Zweig und zwischen den Blättern mit jeweils wässerigem Terrakotta und Umbra nass in nass malen. Dabei die Farben nach außen mit einem Schwamm verwischen, damit keine harten Ränder entstehen.

Bild 4: Die Malpappe mit Umbra und wenig Schwarz nass in nass grundieren. Zügig im oberen rechten und unteren linken Bereich in die noch nasse Farbe etwas Terrakotta hineinmalen und trocknen lassen. Die Schrift abpausen. Neapelgelb und Terrakotta nicht zu gründlich mischen, mit wenig Wasser verdünnen und die Wörter mit einem feinen Haarpinsel nachschreiben. Achten Sie darauf, dass manche Buchstaben rötlicher und manche gelblicher aussehen sollen.

Bild 5: Die obere Hälfte der Malpappe mit Neapelgelb grundieren, ganz unten Terrakotta auftragen und nach oben hin in das Neapelgelb weich übergehen lassen. In die noch nasse Terrakottafarbe nur im unteren Bereich wenig Umbra geben und ebenfalls verstreichen. Mit dem im Pinsel vorhandenen terrakottafarbenen Farbrest die Horizontlinie andeuten. Nach dem Trocknen die Zypressen abpausen. Olivgrün, wenig Türkis und Maigrün mischen und diese damit kolorieren. In die noch nasse Farbe jeweils rechts, bei der zweiten zusätzlich auch oben wenig Maigrün malen. Mit der dunkelgrünen Mischung unter den Bäumen

FORTSETZUNG MEDITERRAN

das Gras mit wenig Farbe andeuten. Links oben mit einem fast trockenen Pinsel den Himmel mit Elfenbein aufhellen.

Bild 6: Den Hintergrund mit Neapelgelb grundieren, in die noch nasse Farbe links Elfenbein geben und verstreichen. Trocknen lassen. Die Vasen abpausen. Die linke mit Terrakotta grundieren, dabei rechts in die noch nasse Farbe Umbra sowie ganz rechts sehr wenig Schwarz hineinmalen. Die rechte Vase mit einer Mischung aus Neapelgelb und Terrakotta grundieren, rechts etwas Schwarz hineinmalen und gut verstreichen. Nach dem Trocknen jeweils die linke Seite in einer hellen

Mischung aus Neapelgelb und wenig Terrakotta mit einem fast trockenen Pinsel aufhellen. Die Konturen der Gefäße stellenweise mit verdünntem Schwarz nachziehen. Etwas Strukturpaste mit Neapelgelb mischen und im unteren Bereich auftragen. Die Tonscherben hineinlegen und die Paste fest werden lassen.

Bild 7: Das Motiv abpausen. Den Himmel links mit Elfenbein, rechts mit einer Mischung aus Neapelgelb und Elfenbein malen, dabei die zwei Farben weich ineinander verstreichen. Die Sonnenseite des Hauses zunächst im oberen Bereich mit Elfenbein kolorieren, nach unten sehr wenig Neapelgelb zugeben und gut verstreichen. Die Sonnenseite des Anbaus ebenfalls mit den zwei Farben nass in nass malen.

Die Schattenseite des Hauses mit einer Mischung aus Neapelgelb und Terrakotta grundieren, für die Schattenseite des Anbaus die Mischung noch mal mit wenig Neapelgelb aufhellen. Die Dächer mit Kadmiumrot und wenig Schwarz nass in nass malen. Trocknen lassen. Die Fenster und die Tür in Umbra anlegen. Die dunkelsten Stellen an den beiden Schattenwänden, die

jeweils an den Rändern der Flächen liegen, mit verdünntem Umbra malen. Dafür nur wenig Farbe verwenden und mit dem kleinen Schwamm betupfen, damit kein harter Rand entsteht. Die Bäume und Sträucher mit einer Mischung aus Olivgrün, wenig Türkis und Maigrün malen. In die noch nasse Farbe jeweils links etwas Maigrün hineinmalen und verstreichen. Die Erde mit Terrakotta anlegen.

3 Die Malpappen auf dem langen Keilrahmen anordnen, dabei einen Abstand von 8 cm zur rechten und linken Keilrahmenkante sowie 5 cm zur oberen und unteren lassen. Zwischen den Malpappen einen Abstand von ca. 2,3 cm einhalten. Nun die Rückseiten mit Strukturpaste bestreichen und vorsichtig auf die jeweils vorgesehene Position drücken. Dann die Strukturpaste mit Umbra und wenig Schwarz mischen und mit dem Metallspachtel um die Bilder herum auftragen. Einige Stunden fest werden lassen. Mit einem fast trockenen Pinsel in einer Mischung aus Umbra und Schwarz stellenweise über die Strukturpaste schattieren. Nun den Hintergrund nacheinander zuerst mit Terrakotta und dann mit einer Mischung aus Terrakotta und Neapelgelb schattieren. Dafür stellenweise auf der ungespachtelten arbeiten und stellenweise über den Erhöhungen der Paste streifen.

27

TIERE

Lustiges Tierleben
auf dem Bauernhof

MOTIVHÖHE
50 cm

MATERIAL
* Keilrahmen, 40 cm x 50 cm
* 9 Malpappen, je 10 cm x 10 cm
* Acrylmalkarton in Naturweiß, A3, 360 g/m²
* Acrylfarbe in Weiß, Gelb, Orange, Vanadiumgrün, Rot, Royalblau und Schwarz
* Rundpinsel, Synthetikhaar, Nr. 6
* Flachpinsel, Synthetikhaar, Nr. 4, 8 und 14
* Schaumstoffwalze, 6 cm breit
* Pastellkreide in Rot
* Filzstifte in Gelb, Orange, Hellrosa, Gelbgrün, Hellblau und Schwarz
* wasserfester Filzstift in Schwarz, mittlere Spitze
* wasserfester Gelstift in Weiß
* Nagelschere
* Wattestäbchen
* Klebepads, 3 mm dick

VORLAGE
Bogen 4A+4B

1 Für die Grundierung des Keilrahmens zunächst Weiß mit Vanadiumgrün zu einem Pastellton mischen. Diesen mithilfe der Schaumstoffwalze deckend auftragen. Dabei die seitlichen Keilrahmenflächen nicht vergessen.

2 Nun die Malpappen gleichmäßig mit Weiß und dem Flachpinsel Nr. 14 grundieren. Nach dem Trocknen die Hintergrundmotive von der Vorlage übertragen. Bei dem Huhn, dem Schwein, der Maus, dem Esel und der Kuh den Schwanz und die Füße ebenfalls übertragen. Mit dem mittelfeinen schwarzen Filzstift nur die schwarzen Konturen nachziehen. Auch die Füße und den Schwanz bei den Tieren nicht vergessen. Für die farbigen Flächen die jeweilige Farbe mit Wasser verdünnen und mit dem Flachpinsel lasierend auftragen: Mit verdünntem Gelb die Blumen und die Bodenfläche bei Bild 1 anlegen, ebenfalls die Bodenfläche bei Bild 7, die Blumen bei Bild 3, den oberen Rand bei Bild 8, den Zaun bei Bild 9 und die Sonne bei Bild 6. Die Wasserflächen (Bilder 3, 6 und 8), die Kreise (Bild 7) und den Himmel (Bilder 3 und 4) mit verdünntem Royalblau malen. Mit wenig verdünntem Grün den Rasenstreifen auf den Bildern 2, 4 und 5 sowie die Gräser auf den Bildern 3 und 8 auftragen. Für die Kreise auf Bild 6 das Grün stärker verdünnen. Am besten probieren Sie vorab auf einem weißen Papier die Farbintensität aus. Nach dem Trocknen die Linien, Punkte, Dreiecke und grafische Details mit den jeweiligen farbigen Filzstiften nachziehen. Die Ränder nicht vergessen.

3 Auf den Acrylmalkarton werden nun ausschließlich die Tiermotive von der Vorlage übertragen. Anschließend die Konturen und alle schwarzen Punkte und Muster mit dem schwarzen Filzstift nachzeichnen. Nun folgt die farbliche Gestaltung. Dabei werden die Acrylfarben immer stark mit Wasser verdünnt, um einen aquarellartigen Charakter zu erzielen. Die verdünnten Farben sollten Sie vorab immer erst mal auf einem extra Blatt Papier ausprobieren, um die Intensität des Tons zu testen:

Für die **Katze** (Bild 1) und das **Huhn** (Bild 2), Orange mit viel Wasser verdünnen und mit dem Rundpinsel auftragen. Dabei die Beine der Katze weiß aussparen. Mit einem zweiten Farbauftrag auf die noch nasse Farbe die Ränder ein wenig dunkler gestalten.

Weiter geht es auf Seite 30

Blau mit Wasser verdünnen und nur am äußeren Rand der **Gans** (Bild 8) auftragen. Den Flügel mit weniger Wasser dunkler gestalten. Die Füße und den Schnabel in verdünntem Rot anlegen.

Schließlich die farbigen Linien, Punkte und Muster auf den Bildern mit Filzstiften in Orange, Hellrosa und Hellblau nachziehen. Für die Bäckchen das Wattestäbchen auf die rote Kreide tupfen und vorsichtig bei der Katze, dem Huhn, der Kuh, der Maus und dem Schaf auftragen.

4 Nun die Motive mit der Nagelschere sorgfältig ausschneiden. An den Schnittkanten mit dem schwarzen Filzstift entlangfahren, sodass keine weißen Papierstellen zu sehen sind. Anschließend die Tiere mit Klebepads auf den Malpappen befestigen. Auf dem Keilrahmen vom oberen und unteren Rand 8,5 cm abmessen und von links und rechts 4 cm und mit Bleistift markieren. Zunächst vier Malpappen gemäß Foto an den vier markierten Eckpunkten auslegen. Dann jeweils eine Malpappe dazwischen legen und zuletzt die mittlere ausrichten. Nun alle Einzelbilder festkleben.

5 Schließlich einige Punkte mit dem Rundpinsel in unverdünntem Weiß freihand auf den Keilrahmen auftragen.

Für das **Schwein** (Bild 3) und die **Maus** (Bild 7) Rot mit Wasser zu einem hellen Rosa verdünnen und damit die Tiere kolorieren. Auf der noch nassen Farbe den Rand etwas dunkler gestalten. Bei der **Kuh** (Bild 5) nur den Rand in Rosa anlegen. Für die Ohren und die Nasen bzw. Schnauzen dem Rosa etwas mehr Rot zumischen, damit der Ton kräftiger wird. Nach dem Trocknen die Flecken der Kuh mit dem schwarzen Filzstift ausmalen.

Die **Ente** (Bild 6) und das **Schaf** (Bild 9) mit verdünntem Gelb kolorieren. Für den Schwanz, die Federn und den Schnabel der Ente noch etwas Orange dazumischen und zügig auftragen.

Für den **Esel** (Bild 4) Schwarz mit Wasser zu einem hellen Grau vermischen und damit den kompletten Körper kolorieren. Für die Mähne etwas Blau in die noch feuchte Fläche malen.

Mein Tipp für Sie

Hintergrund variieren: Es gibt viele verschiedene Möglichkeiten für die Hintergrundgestaltung. Bei der Variante auf der rechten Seite habe ich z.B. ein stärkeres Hochformat für den Keilrahmen gewählt (30 cm x 60 cm). Da die Bilder nun in 4 x 2 Reihen angeordnet sind statt in 3 x 3, werden hierfür nur acht Motive statt neun benötigt. Auch die Farbe der Grundierung und das Muster unterscheiden sich. Durch das dunklere Royalblau heben sich die hellen Einzelbilder besonders gut vom Hintergrund ab. Mit einem wasserfesten weißen Gelstift sind hier noch kleine Blümchen aufgemalt worden. Welche Variante gefällt Ihnen besser?
Helga Altmayer

FORTSETZUNG TIERE

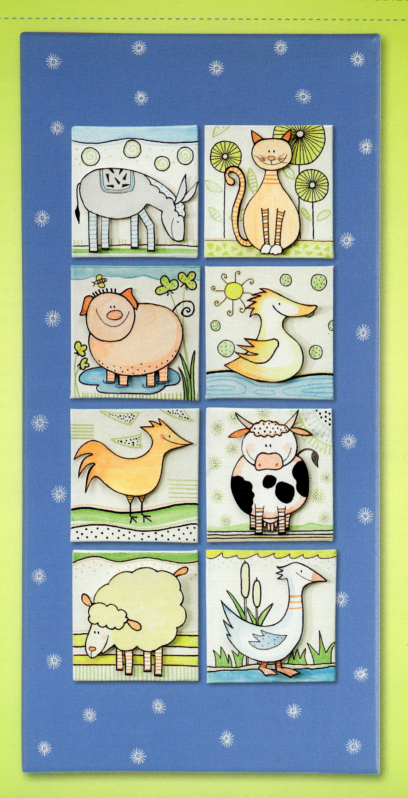

Helga Altmayer studierte Grafik-Design an der HfG in Schwäbisch Gmünd. Danach arbeitete sie viele Jahre beim SWR in Stuttgart im Bereich Fernsehgrafik und anschließend freiberuflich für verschiedene Werbeagenturen. Nebenbei entwarf sie, von ihren Kindern inspiriert, alltagstaugliche Mode für Kids. Heute lebt sie in Karlsruhe und arbeitet in einem Fachhandel für Künstler- und Bastelbedarf. Somit ist sie immer bestens über neue Kreativ-Trends informiert. In ihrer Freizeit entwirft sie anspruchsvolle Mandalas für Kinder sowie Designs für Geschenkpapiere und Servietten. 2009 gewann sie den vom frechverlag ausgeschriebenen TOPP-Kreativpreis zum Thema Inchies.

Alice Rögele arbeitet seit 1990 im Kreativbereich. Bis zur Eröffnung ihres eigenen Ateliers 2004 war sie langjähriges Mitglied und zeitweise auch Leiterin der Dinkelsbühler Künstlergruppe „Art und Farbe". Neben der Acrylmalerei gehören Holzarbeiten zu ihren Schwerpunkt-Themen. Als Kursleiterin gibt sie ihre Begeisterung für kreative Techniken an zahlreiche Schüler weiter. Seit 2004 ist sie als Autorin beim frechverlag tätig. Ihre Werke sind in diversen Ausstellungen und in ihrem Atelier im bayrischen Schopfloch zu besichtigen.

TOPP – Unsere Servicegarantie

WIR SIND FÜR SIE DA! Bei Fragen zu unserem umfangreichen Programm oder Anregungen freuen wir uns über Ihren Anruf oder Ihre Post. Loben Sie uns, aber scheuen Sie sich auch nicht, Ihre Kritik mitzuteilen – sie hilft uns, ständig besser zu werden.

Bei Fragen zu einzelnen Materialien oder Techniken wenden Sie sich bitte an unseren Kreativservice, Frau Erika Noll.
mail@kreativ-service.info
Telefon 0 50 52 / 91 18 58

Das Produktmanagement erreichen Sie unter:
pm@frechverlag.de
oder:
frechverlag
Produktmanagement
Turbinenstraße 7
70499 Stuttgart
Telefon 07 11 / 8 30 86 68

LERNEN SIE UNS BESSER KENNEN! Fragen Sie Ihren Hobby-fach- oder Buchhändler nach unserem kostenlosen Kreativmagazin **Meine kreative Welt.** Darin entdecken Sie vierteljährlich die neuesten Kreativtrends und interessantesten Buchneuheiten.

Oder besuchen Sie uns im Internet! Unter **www.frechverlag.de** können Sie sich über unser umfangreiches Buchprogramm informieren, unsere Autoren kennenlernen sowie aktuelle Highlights und neue Kreativtechniken entdecken, kurz – die ganze Welt der Kreativität.

Kreativ immer up to date sind Sie mit unserem monatlichen **Newsletter** mit den aktuellsten News aus dem frechverlag, Gratis-Bastelanleitungen und attraktiven Gewinnspielen.

IMPRESSUM

MODELLE: Helga Altmayer (S. 6/7, 10/11, 16/17, 22/23, 28–31); Alice Rögele (S. 2–5, 8/9, 12–15, 18–21, 24–27)
FOTOS: frechverlag GmbH, 70499 Stuttgart; Alice Rögele (Schrittfotos Umschlag: „Keilrahmen grundieren", „Schattieren"; Schrittfotos S. 19); lichtpunkt, Michael Ruder, Stuttgart (alle übrigen Fotos)
PRODUKTMANAGEMENT UND LEKTORAT: Nicole Wehner
DRUCK: frechdruck GmbH, 70499 Stuttgart

Materialangaben und Arbeitshinweise in diesem Buch wurden von der Autorin und den Mitarbeitern des Verlags sorgfältig geprüft. Eine Garantie wird jedoch nicht übernommen. Autorin und Verlag können für eventuell auftretende Fehler oder Schäden nicht haftbar gemacht werden. Das Werk und die darin gezeigten Modelle sind urheberrechtlich geschützt. Die Vervielfältigung und Verbreitung ist, außer für private, nicht kommerzielle Zwecke, untersagt und wird zivil- und strafrechtlich verfolgt. Dies gilt insbesondere für eine Verbreitung des Werkes durch Fotokopien, Film, Funk und Fernsehen, elektronische Medien und Internet sowie für eine gewerbliche Nutzung der gezeigten Modelle. Bei Verwendung im Unterricht und in Kursen ist auf dieses Buch hinzuweisen.

Auflage:	6.	5.	4.		
Jahr:	2014	2013	2012	2011	[Letzte Zahlen maßgebend]

© 2009 **frechverlag** GmbH, 70499 Stuttgart

ISBN 978-3-7724-3798-4 • Best.-Nr. 3798